Marun Make

PROLOGUE

まるん流・ボーイズメイク＆ガールズメイクのススメ

私は、漫画やアニメ、K-POP が好きな、ごくごく普通の OL です。

美大4年生の頃から、趣味で2次元キャラクターのコスプレを始めました。

男性キャラクターのコスプレをすることが多かったため、日常の格好も、男装（メンズの洋服を着て、ショートヘアのウィッグ＋男性の顔になるメイク）をすることが増えていきました。

その中で、試しに男装メイクの方法を SNS に載せてみたところとても反響があり、今回このような本を出すことになりました。

この『まるんメイク』では、男性と女性の顔立ちの違いを分析し、それぞれのメイクを便宜上、『ボーイズメイク』『ガールズメイク』と呼んでいます。

ですが、メイクやヘアスタイル、洋服を選ぶ時にボーイズ／ガールズといった枠組みにとらわれる必要はないとも思っています。

好きなアイドルや俳優を見ていると、「こんなビジュアルになってみたい！」と思うことはありませんか？

なりたいからなってみよう！　そんな軽い気持ち、楽しい気持ちでこの本も見てもらえたらうれしいです。

■ ボーイズメイクだって日常で楽しめる！

私がコスプレにハマってから初めて迎えた大学4年生のクリスマスのこと。

仲の良い女の子と会う約束をしていたのですが、「せっかくのクリスマスだし、デートっぽく男装してみようかな？」と思いついたのです。

今思えば「ボーイッシュな女の子」くらいのライトな男装でしたが、とっても楽しくて、その日はまるで別人になったような自由さを感じました。

コスプレの楽しさともまた違い、「日常の延長線上にこんな世界があるんだ！」と目からウロコだったのです。

それまでは、「見た目の性別を変えること＝コスプレイヤーとしての非日常な楽しみ」という感覚でしたが、その日以降、友人からリクエストされた男の子のビジュアルになっ

てデートをすることや、その日の予定や着たい服に合わせてボーイズメイクをすることが私にとっての日常になりました。
　そうして、私は「ボーイズメイクは普段でも楽しめる!」いう実感を深めていき、この楽しさをたくさんの人に知ってほしいなと思うようになったのです。

■ コンプレックスは魅力に変わる

　もともと、私がメイクに興味を持った理由はコンプレックスの多さからでした。
　丸顔、奥二重、寄り気味の目、鼻の大きさ……数えるとキリがないくらい自分の顔に不満がありました。
　他人からは気になるほどではなくても、自分の中ではコンプレックスとして膨れ上がって、鏡を見るたびに気にしてしまう……今これを読んでくださっている中にも、同じようにご自身の顔に悩んでいる方は多くいらっしゃるのではないでしょうか。

　私は、そうした悩みをなんとかしたい一心で高校生の頃からメイクを研究し、「大学生になったら整形したいな…」と思っていました。
　でもメイクの研究をするうちに、**コンプレックスは『魅力』へと昇華できる**ことを実感したのです!
　それもボーイズメイクをするようになって初めて気づいたことでした。
　私の場合、ずっとコンプレックスだった大きめの鼻が、ボーイズメイクをする際には、カッコよく見える要素になったのです。
　また、気になっていた輪郭も、それまでは余白を埋めるためのメイクに一生懸命でし

たが、ボーイズメイクではそこを活かして理想に近づくことができました。

■ **正解はひとつじゃない ──メイクって自由自在！**

　この本では、性別だけでなく、地雷系やK-POP系など、いろいろなジャンルのメイクを紹介しています。
　毎日、着る服を変えるように、メイクも自在に変える楽しみ方があるということをお伝えしたかったので、たくさんのハウトゥを詰め込みました。

　私はこれまで、自分だけでなく、友人や知人、たくさんの人たちのメイクプロデュースを行ってきました。
　メイクが終わると、皆、鏡に映る自分のビジュアルにとても驚き、目を輝かせて喜んでくれます。
　その光景を目にするたび、それまで知らなかった自分に出会うことはとても楽しく、そして自信をつけてくれることでもあるんだなと思います。
　ビジュアルを変えると、新しい自分の魅力が見つかります。
　だからこそ、「私にはこんなメイクは似合わない」、そういう思い込みを捨ててほしい、と思うのです。
　そして同時に、たった1種類の「なりたい顔」にこだわることも、とてももったいない、と思うのです。

SNSには、可愛い人、美しい人の写真や動画があふれています。そういうものを見ていると「この顔じゃなきゃダメなんだ」と思ってしまいますよね。

　でも、世間でいわれる「可愛い」や「キレイ」の正解があなたにとっても正解とは限らないんです。

　今の自分のメイクにしっくりきていないなら、それはメイク技術のせいでも顔立ちのせいでもなく、もしかしたら「世間の正解」にとらわれているせいかもしれません。

　そんな人にこそ、この『まるんメイク』を試してほしいな、と思っています。

　ぜひ、一つのジャンルにこだわらず、いつもと違うメイクにチャレンジする日をつくってみてください。

　それまでは興味のなかったジャンルのメイクが、あなたの新しい扉を開けてくれるかもしれません。メイクの可能性は無限大です！

　もちろん、この本の通りにしないといけないなんてこともありません。『まるんメイク』はあくまで補助的な存在です。どんどん自分好みにアレンジしてください。

　メイクの幅が広がれば、毎日の楽しみもぐんと広がります。

　メイクが変われば、人生も変わります。

　この本が、もっと自由で楽しいメイクライフのきっかけになれたならこの上ない幸せです。

まるん

CONTENTS

PROLOGUE ———————————————————— 2

INTRODUCTION まるんのデイリーメイク ———— 10

Column01 まるんメイクで誰でも変われる！ ———— 16

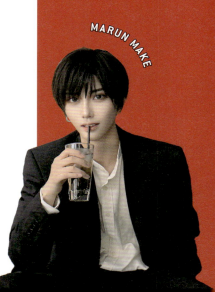

CHAPTER 01 基本のまるんメイク

STEP 1 自分の顔を知ろう …… 18

1 輪郭 …… 20
2 顔型＆目の配置 …… 22
3 目と眉の距離／4 目の形 …… 24
5 鼻 …… 26
6 人中＆唇 …… 28
顔分析MEMO …… 30
まるんの顔診断 …… 31

STEP 2 基本のボーイズメイク＆ガールズメイク …… 32

1 輪郭を整える …… 34
2 肌のベースをつくる …… 38
3 陰影をつくる …… 40
4 目の形を変える …… 44
5 カラコンを入れる …… 47
6 眉毛メイク …… 48
7 アイメイク …… 50
8 リップメイク …… 56
9 ウィッグをかぶる …… 60

STEP 3 ウィッグカット＋ボーイズボディメイク …… 62

1 ウィッグをカットする …… 64
2 ボーイズボディメイク …… 68

Column02　画像加工に要注意！ …… 72

CHAPTER 02 まるん流ジャンル別メイク

強めメイク ……………………………………………… 74
ハーフ風メイク ………………………………………… 80
K-POP風メイク ………………………………………… 86
地雷系メイク …………………………………………… 92

Column03 メイクで2次元キャラになりきる ……………… 98

CHAPTER 03 まるんメイクで遊ぶ!

Special Guest 1

YouTuber かす

高校生のお部屋デートメイク 100

夜の大人パーティメイク 106

Special Guest 2

コスプレイヤー タルキ

ブラックコーデのワンホン風メイク 112

ケモミミ男子のテーマパークデートメイク 118

EPILOGUE 124

CREDIT 127

INTRODUCTION
まるんのデイリーメイク
ボーイズメイクを日常に取り入れる

「男の子になるメイク」と聞くと、どうしても文化祭での男装など
「非日常のもの」というイメージが強いかもしれませんが、
メイクと服の選び方次第で日常に取り入れて楽しめるものなんです。
私は、その日のスケジュールや着たい服で、
ガールズメイク／ボーイズメイクを使い分けています。
ここで、まずは私の日常メイクをご紹介します！

\BOY/
黒髪短髪王道パターン ▶

この日は「黒髪＋セットアップ」というオーダーを受けて、友達好みの男子に変身！ 青山でカフェ巡りデートをしました。

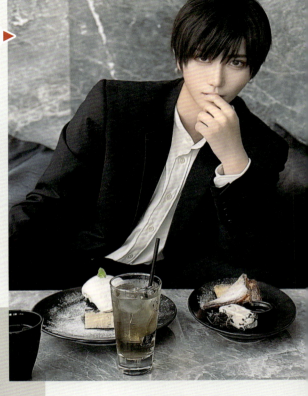

©恭介

\GIRL/
黒髪ストレートロング＋強め

自宅で友達のメイクプロデュース＆撮影をした後に撮ってもらった1枚。地毛みたいですが実はウィッグです。

\BOY/
黒髪短髪王道パターン

地毛のボーイズメイクで出勤した日。メイクの話で盛り上がってしまい仕事がはかどりませんでした（笑）

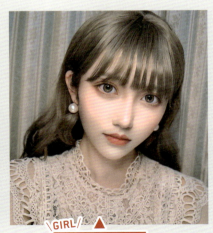

\GIRL/
ドーリー系メイク

この日はレースのトップスに合わせて、ドーリー系メイクにアッシュブロンドのウィッグです。

©しろ

\\BOY/
K-POPアイドル風

友達のタルキちゃん（左・P.112から登場）と、浴衣男子になって浅草デート。タイマーセットしたスマホでササッと撮った1枚です。

映画『レオン』のマチルダのような丸いサングラスが似合う女の子＋チャイボーグのイメージ。

\\BOY/
金髪短めセットアップ

コンクリート壁のスタジオで撮影してみたくてチャレンジした日。母のお下がりのセットアップは、ジャケットが肩パッド入りだったのでメンズの着こなしに取り入れました。

今どきな女の子メイクの日。ナチュラルな黒髪ロングですが、ウィッグです。

\\GIRL/
清楚巻き髪ロング

\\GIRL/
黒髪強めボブ

\BOY/
K-POPアイドル風
こちらもタルキちゃんと。新大久保へ遊びに行くので、メイクも洋服もK-POPアイドル風に!

黒髪ボーイズメイク+全身黒コーデの日。Tシャツは、アパレルブランド『QOOZA』さんで、私が描いたイラストを商品化してもらったものです。

©Kaoru

\GIRL/
強め+シルバーインナー
BLACKPINKのジェニーが前髪だけ色を入れているのが可愛くて、私もインナーカラーを入れてみました。

\BOY/
地下アイドル風
友達から「地下アイドルっぽい男の子」とのリクエストを受けて。ヒョウ柄の服はその友達のものを借りました。

01 column
まるんメイクで誰でも変われる！

会社の同僚や友達をメイクで変身させました。
皆、新しい自分との出会いに大盛り上がり！
自分以外の人を変身させる楽しさは
また格別で、さらにメイク沼が深まります。

CHAPTER
01

基本のまるんメイク

まずは、まるんメイクの基本となる男女別の顔のつくり方をレクチャーします。自分の顔をパーツごとに分析し、そこに足したり引いたりしてイマドキの顔を目指したメイクです。慣れてきたらお好みに合わせてどんどんアレンジしてくださいね!

自分の顔を知ろう **STEP 1**

基本のボーイズメイク&ガールズメイク **STEP 2**

ウィッグカット+ボディメイク **STEP 3**

STEP 1

自分の顔を知ろう

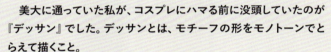

メイク上達の第一歩は
自分の顔をよく見て知ること

　美大に通っていた私が、コスプレにハマる前に没頭していたのが『デッサン』でした。デッサンとは、モチーフの形をモノトーンでとらえて描くこと。
　デッサンをうまく描くには、モチーフがどんな形をしているのか、どこに光が当たり、どんなふうに影が入っているか、穴があくほどよーく観察することが必要です。
　私がその頃に培った観察眼が、メイクの技術にもひと役買っているのは間違いないと思っています。
　メイクにおいては、自分の顔と、これからなろうとしている顔とで、輪郭やパーツの形、配置などどこがどのように違うのか、それを知ることが基本です。あとは「なりたい形」に近づけてラインを引いたり、色やハイライト、シェーディングを入れていけばOK。
　初めは、P.30の顔分析MEMOの自分のタイプに○をつけ自分の顔を把握してみましょう。それに対応する形でP.32からの「基本のボーイズメイク&ガールズメイク」を解説していきます。

Chapter 01

基本のまるんメイク

私が学生時代に夢中になっていたデッサンの一部です

STEP 1 自分の顔を知ろう

① 輪郭

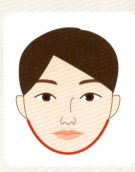

顎から頬のラインを なぞって観察

まずは、顔の縦横のバランス、顎の形状といった輪郭を把握します。できるだけ正確に観察できるように"盛らない自撮り方法"を覚えて観察しましょう。目に見える形でラインをなぞることで、自分で冷静に判断することができます。

---

① 撮影する

1. スマホのカメラを起動し、自撮りモードに。
2. 自分の顔とカメラが並行になるよう高さ・角度を調整し、1m以上離れて、タイマーを使って撮影します。

※1m以内だとレンズの歪みで輪郭が変形してしまいます！

② 観察する

撮影した画像を開き、拡大します。スマホのペイント機能などで輪郭をなぞって色をつける（あるいは、プリントアウトして紙の上からペンでなぞる）と確認しやすく、おすすめです。

3 輪郭タイプをチェック

自分のタイプに近いものを選んで、P.30の顔分析MEMOに○をつけてください。

V字
顎が尖り気味で、顎から耳にかけてのラインがシャープ。

丸
顎＆頬のラインがなだらかで丸みを帯びている。

U字
顎から頬にかけてのラインがなだらかで、丸タイプよりも縦幅が長め。

四角
顎から頬のラインが角ばっている。

顎しっかり
顎先が平たい。

エラ張り
エラ部分の張り出しが強め。

Chapter 01 基本のまるんメイク

21

STEP 1 自分の顔を知ろう

❷ 顔型＆目の配置

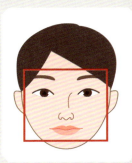

「顔の縦横比」と「目の位置」で顔タイプが分かる

次は顔型と目の配置を見ます。顔型と目の配置によって、横長、縦長、求心（目の位置が中心に寄り気味）、遠心（目の位置が離れ気味）かといったタイプが分かります。目は、顔の印象を左右する大事なパーツ。大きさや、二重か一重かといったディテールだけでなく、全体に対しての配置のバランスもメイクをする上でとても大切です！

---

1 ガイド線を引く

スマホの写真上にペイント、あるいはプリントアウトしたものにガイド線を引きます。

1. 顔の中心（鼻の上）、顔の端（耳の付け根）にタテ線を引きます。
2. 黒目の中心を通るように、顔を縦断する線を引きます。

2 長さを測る

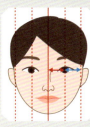

1. ガイド線を頼りに、矢印部分の長さを測り、赤矢印と青矢印のどちらが長いかを確認します。

- ■赤が長い ⇒遠心タイプ
- ■青が長い ⇒求心タイプ

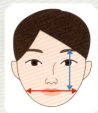

2. 青矢印（眉〜口）と赤矢印（唇の合わせ目を通り、輪郭の端から端まで）の長さを測り、どちらが長いかを確認します。

- ■赤が長い ⇒横長タイプ
- ■青が長い ⇒縦長タイプ

3 顔型＆目の配置タイプをチェック

自分のタイプに近いものを選んでP.30の顔分析MEMOに○をつけてください。

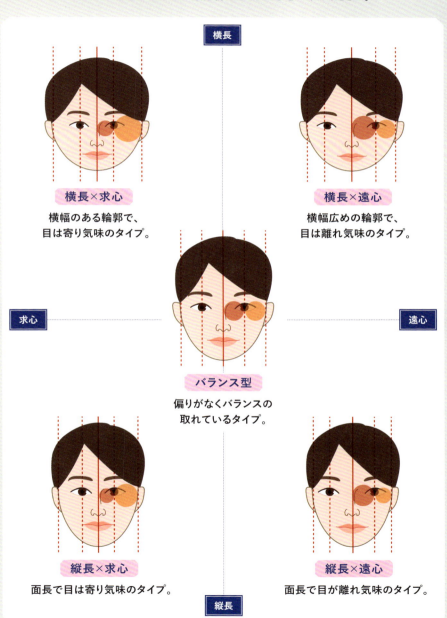

横長×求心
横幅のある輪郭で、目は寄り気味のタイプ。

横長×遠心
横幅広めの輪郭で、目は離れ気味のタイプ。

バランス型
偏りがなくバランスの取れているタイプ。

縦長×求心
面長で目は寄り気味のタイプ。

縦長×遠心
面長で目が離れ気味のタイプ。

STEP 1 自分の顔を知ろう

 ③ 目と眉の距離   ④ 目の形

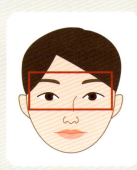

目元メイクは「目＋眉」の合わせ技で考える

ここでは目と眉の間隔と、目の形をチェックしましょう。目と眉の間隔は女性らしい顔、男性らしい顔を作る際の大切なポイントです。目の形も、ガイドラインを引いてあらためてじっくり観察すると、意外と自分で思っている形と違うことに気づくと思います。

目と眉の距離

1 定規で目と眉の間を測る

真正面から鏡を見て、黒目の一番高い位置（二重の人は二重のカーブの一番高い場所）から垂直に眉毛下までを測ってください。

2 目と眉の距離タイプをチェック

自分のタイプに近いものを選んでP.30のシートに○をつけてください。

1cm以下 ⇒ 狭め

1cm以上 ⇒ 広め

目の形

1 ガイドラインで目の形を知る

写真の左右の瞳の中心を通るように横線を引く。

 ▶

Chapter 01 基本のまるんメイク

3 目の形タイプをチェック

自分のタイプに近いものを選んでP.30の顔分析MEMOに○をつけてください。

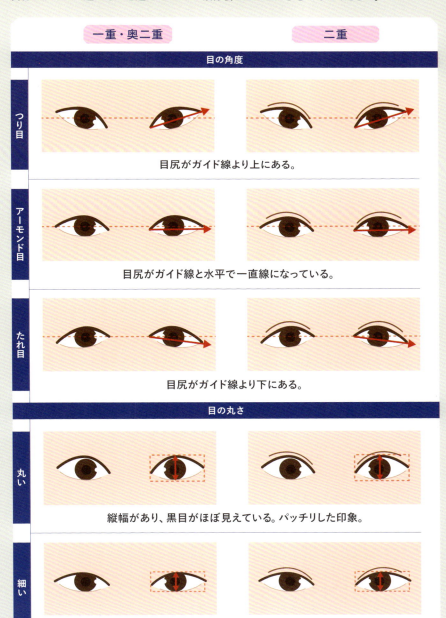

一重・奥二重　　二重

目の角度

つり目：目尻がガイド線より上にある。

アーモンド目：目尻がガイド線と水平で一直線になっている。

たれ目：目尻がガイド線より下にある。

目の丸さ

丸い：縦幅があり、黒目がほぼ見えている。パッチリした印象。

細い：横に細長い印象で、黒目の見えている範囲が狭い。

STEP 1

自分の顔を知ろう

5 鼻

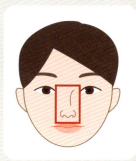

高さよりも小鼻のサイズ感に注目する

鼻というと高さを気にしがちですが、まるんメイクで鼻は小鼻のサイズ感を確認します。鼻は顔の中心にあるので、顔の印象を変化させる大事なパーツの一つです。小鼻と口幅とのバランスをチェックしましょう！

1 ガイド線を引く

P.20と同様に自撮りをし、スマホのペイント機能、あるいはプリントアウトして五等分になるようガイド線を引きます。

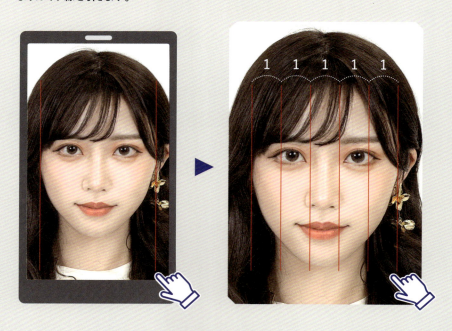

2 小鼻を観察する

小鼻が左右のガイド線（画像の青い線）からはみ出ているかどうかをチェックします。

2 唇タイプをチェック

自分のタイプに近いものを選んでP.30の顔分析MEMOに○をつけてください。

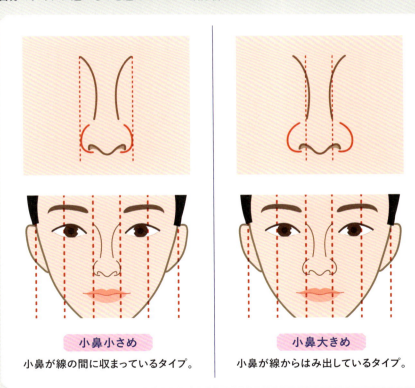

小鼻小さめ：小鼻が線の間に収まっているタイプ。

小鼻大きめ：小鼻が線からはみ出しているタイプ。

STEP 1 自分の顔を知ろう

⬥6 人中 & 唇

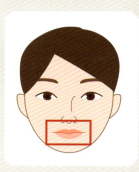

鼻との配置バランスとサイズ感が観察ポイント

顔の下半身に当たる人中＋唇。「マスクを外すと印象が違う」ということも珍しくないですよね。人中は、鼻下から唇の合わせ目までの長さと、唇の合わせ目から顎先までの長さのバランスを見ます。
唇は目と鼻それぞれの横幅とのバランスから、自分のタイプを判断してください。

> 人中

1 顔の横位置にガイド線を描く

ペイント機能で鼻下、唇の合わせ目、顎先を通るようにそれぞれ横線を引く。

2 人中タイプをチェック

鼻下から唇の合わせ目までの距離を2倍にした距離が、唇の合わせ目から顎先までの距離より長いか短いかをチェック。自分のタイプに近いものを選んでP.30のシートに○をつけてください。

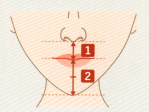

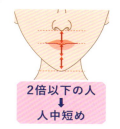

2倍以下の人
↓
人中短め

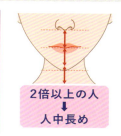

2倍以上の人
↓
人中長め

28

Chapter 01 基本のまるんメイク

> 唇

1 顔の縦位置に ガイド線を引く

顔幅（右耳の付け根から左耳の付け根まで）に対して三等分になるように縦線を入れます。

3 唇タイプをチェック

自分のタイプに近いものを選んでP.30の顔分析MEMOに○をつけてください。

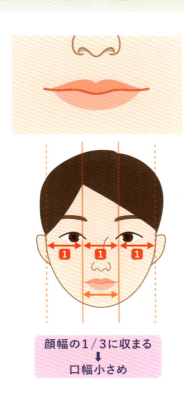

顔幅の1/3に収まる
↓
口幅小さめ

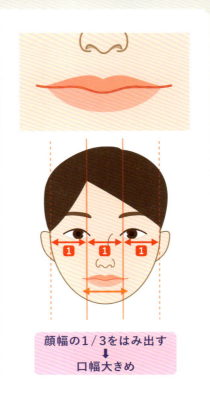

顔幅の1/3をはみ出す
↓
口幅大きめ

STEP 1 自分の顔を知ろう

顔分析MEMO

ここまでの自分の顔分析結果を覚えておくため、P.20～P.29の各項目で自分の顔に近いものに○をつけてください。

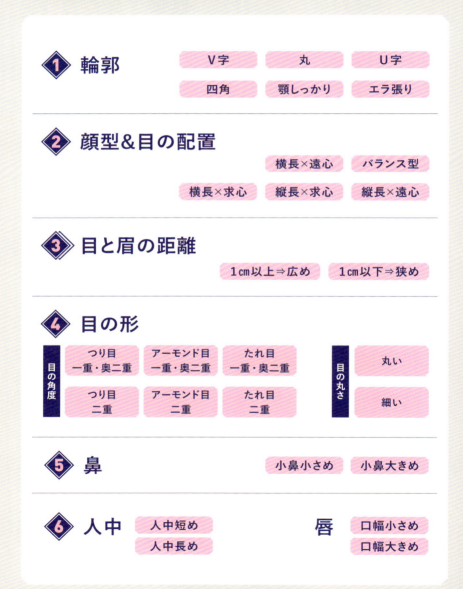

まるんの顔診断

Chapter 01
基本のまるんメイク

私の顔について、普段どのような工夫をしているか少しご紹介します。顔は千差万別ですが、基本は目標の顔に対して「足らないところは足す、余計なところは引く」です！

1 輪郭

V字

頬に丸みがあるため、ボーイズメイク時には、シェーディングをしっかり入れる

2 顔型&目の配置

横長×求心

求心は大人顔に見られやすいので、子供顔っぽいメイクをする場合は、目尻や下瞼に重点を置く

3 目と眉の距離

1cm以下⇒狭め

目と眉の距離が近めで、目元の印象が強くなりがちなため、柔らかい印象にしたい時は、眉の下半分を削って、上に書き足す

4 目の形

つり目 × 丸い 二重

つり目なので、優しい目元の印象にしたい場合は、アイラインやアイシャドウの入れ方で、たれ目メイクに

5 鼻

小鼻大きめ

少々大きめなので、ガールズメイクで小鼻に見せたい場合は、シャドウとハイライトで、鼻の横幅と、縦の長さを短く見せる

6 人中

人中短め

短くも長くもないが、ボーイズメイク時には少々長く見えるように、ガールズメイク時は短く見えるようにメイク

唇

口幅小さめ

横幅が短いため、ボーイズメイク時には口をより大きく見せるようオーバーリップ気味にメイク

STEP 2
基本のボーイズメイク
&
ガールズメイク

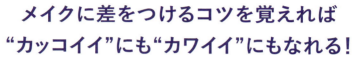

メイクに差をつけるコツを覚えれば
"カッコイイ"にも"カワイイ"にもなれる！

　自分の顔を構成するパーツのことが分かったところで、次はまるんメイクの基本になるボーイズメイクとガールズメイクのテクニックを紹介したいと思います。
　ここでは、各ページを上下段に分けて、上段でボーイズメイク、下段でガールズメイクを解説しています。
　上下を見比べてもらうと男女の顔パーツの違いが分かりやすいので、自分の顔のパーツに合わせてボーイズメイク・ガールズメイクをする時の参考にしてください。
　また、まるんメイクは、一般的なメイクとは違って、コスプレなどで使うフェイステープ（輪郭を引き上げたり引き下げたりするテープ）を多用しているのも特徴。
　テープの使い方を覚えるだけでも顔は激変するので、ぜひ試してみて使い方を覚えてくださいね！

Chapter 01 基本のまるんメイク

BOY

黒髪ショートのウィッグ＋キリッとした目元が印象的な、基本のまるん流ボーイズメイクです（ボディメイクの詳細はP68〜71へ）。

Face

Body

GIRL

ゆるくカールしたロングヘアのウィッグ＋上品で華やかな雰囲気が基本のまるん流ガールズメイクのポイントです。

Face

Body

STEP 2 基本のボーイズメイク＆ガールズメイク

輪郭を整える

ボーイズメイクはシャープに、ガールズメイクは柔らかさを残した輪郭づくりを意識

まずはベースとなる輪郭をつくります。フェイステープを使えば物理的に頬を上げられるので、シャープなフェイスラインづくりもお手のもの。ガールズメイクの場合は引き上げすぎず、柔らかさを残すことがポイントです。
また、どちらの場合も、ウィッグをかぶる前提でウィッグネットを着用します。

BOY

GIRL

主な使用アイテム

ウィッグネット

ウィッグをかぶる際の必需品。髪をスッキリまとめます。

ウィッグネット660円（税込）／クラッセ

フェイステープ

フェイスラインを引き上げて止めてくれる便利アイテム。

顔すっきりテープ890円（税込）／クラッセ

34

ウィッグネットをかぶる

ウィッグネットを頭からかぶり首に通す。

ウィッグネットのフチの部分を髪の生え際まで持ち上げる。

髪を均等に整えながらウィッグネットの中へ入れ込む。

両サイドも髪のボリュームが出ないようウィッグネットに入れ込む。

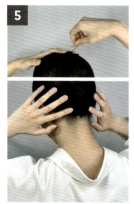

ウィッグネットの余った部分をまとめてヘアピンで留め、凸凹にならないように、球体のシルエットを目指して整える。

正面、両サイド、後ろのすべての髪と余ったネットがはみ出さずにまとめられていればOK！

Chapter 01 基本のまるんメイク

STEP 2 基本のボーイズメイク＆ガールズメイク

フェイステープで輪郭をつくる

BOY

1

テープを約20cmの長さでカットする。（目安：20cm〜30cm）

2

輪郭を引き上げたい部分にテープの端を貼り、引っ張り上げながらテープ全体を頭の上のほうまで貼りつけていく。

5

ボーイズメイクでは、丸みのないシャープなラインを意識。（輪郭タイプV字のまるんはテープで頬の丸みを引き上げています）

GIRL

3

反対側も同様にしてテープで引き上げ、テープの端は反対側に貼ったテープに重ねて頭の上で留める。

4

左右の引き上がりバランスをチェックして、完成！

5

ガールズメイクでは、丸みを残した柔らかいラインを意識。（輪郭タイプV字のまるんはテープ不要）

Chapter 01

基本のまるんメイク

輪郭タイプ別レクチャー

▶

 丸

 U字

 四角

耳横から引き上げるイメージ

赤枠の位置（耳前とエラ）にテープを貼り、輪郭の丸みを減らすイメージで斜め上と真上から引き上げる。

赤枠の位置（耳前）にテープを貼り、輪郭の丸みを減らすイメージで斜め上に引き上げる。

エラから引き上げるイメージ

赤枠の位置（耳前とエラ）にテープを貼り、輪郭の角張りを減らすイメージで斜め上と真上から引き上げる。

表記のない輪郭タイプの人はフェイステープ不要

▶

 丸

 エラ張り

 四角

赤枠の位置（こめかみ下）にテープを貼って、シャープさが出るようゆるく引き上げる。

赤枠の位置（エラ）にテープを貼り、角張りを減らすイメージで真上にゆるく引き上げる。

STEP 2

基本のボーイズメイク＆ガールズメイク

② 肌のベースをつくる

ボーイズメイクは暗めのマット、ガールズメイクは明るめツヤ肌を目指す

肌の色は、ツヤッとして明るい色味にすると今っぽい垢抜けた女性らしさを演出できます。一方で、男性らしい肌をつくる場合は、暗めのトーンでツヤがあまりないものがベスト。パッと見では気づかなくても、ちょっとした色の違いやツヤの有無で印象が変わってきます。

BOY

暗め・マット質

主な使用アイテム

下地
ボーイズメイクは、ナチュラルに見せるため、寒色系の白くなる色は選ばないようにします。
マスクフィットトーンアップエッセンス BEIGE 2,970円（税込）／D&ACE

ファンデーション
簡単で崩れにくいクッションファンデがおすすめ！ボーイズメイクはナチュラルカラーor暗めを選んで。
マスクフィットクッション RED21N 2,970円（税込）／D&ACE

パウダー
テカリを抑え、肌をナチュラルマットに仕上げられるパウダーを選びます。
キャンメイク シルキールースモイストパウダー01 シルキーベージュ 968円（税込）／井田ラボラトリーズ

GIRL

明るめ・ツヤ肌

下地
肌をより白くしたい場合は、紫、緑系の寒色カラー、ナチュラルを目指すなら白、肌色系のものを。
マスクフィットトーンアップエッセンス LAVENDER 2,970円（税込）／D&ACE

ファンデーション
ガールズメイクにはナチュラルor明るめのクッションファンデがキレイに見えておすすめ。
マスクフィットレッドクッション 17C 2,970円（税込）／D&ACE

パウダー
テカリを抑え、透明感・素肌のようなツヤ肌に近づけるきめ細かいパウダーを選んでいます。
ルースパウダー1 5,500円（税込）／イプサ

Chapter 01 基本のまるんメイク

化粧水などで保湿をしてから、下地を額・鼻・頬・顎につけて伸ばす。

クッションファンデをムラなく全体に塗る。

パウダーを全体にのせる。

39

STEP 2 基本のボーイズメイク＆ガールズメイク

陰影をつくる

ハイライトとローライトで輪郭と立体感をコントロールする

立体感を出すために影をつける＝ローライト、光を集める＝ハイライトを使って、輪郭の気になる部分を修正します。削りたい場所にはローライト、高さを出したい場所はハイライトと覚えてください。

BOY

主な使用アイテム

ローライト
パレットが大きく、3色以上あるものが使いやすいです。

ヴィセ シェード トリック BR300（税込1,760円）（編集部調べ）／コーセー

ハイライト
プチプラでもギラギラせず、肌なじみが良く自然なツヤ肌になるのでお気に入りです。

セザンヌ パールグロウハイライト 01 シャンパンベージュ 660円（税込）／セザンヌ化粧品

1 大きめのブラシにローライト（アイテムに合わせる）の2色を混ぜ、頬骨や、唇の下の影の部分に入れる。

2 大きめのブラシにハイライト用のパウダーを取って、目の下から頬骨にかけての三角ゾーンと顎に入れる。

入れる位置は次ページ参照

GIRL

1

2

40

Chapter 01 基本のまるんメイク

輪郭タイプ別レクチャー

V字
ローライトは頬骨の下に加えて、顎の細い印象を緩和するために唇の下と顎先にも入れる。顎のハイライトは横長に入れる。

丸
ローライトは顔の丸みを消すイメージで、頬の下とエラ〜輪郭にしっかり入れる。

U字
輪郭のまろやかな印象を薄めるため、頬骨下からひと続きでローライトを入れる。

四角
角を削るイメージで骨張っているところに影を描くようにローライトを入れる。

顎しっかり
頬骨下からエラ上までローライトを。顎のハイライトは広めに入れ、輪郭をシャープに見せる。

エラ張り
エラの張り出した部分を削るイメージでローライトを入れる。

V字
華奢な輪郭を生かすため、ハイライトのみ入れる。ローライトは不要。

丸
丸みを削るように、輪郭にそってなだらかにローライトを入れる。

U字
なだらかな女性らしい輪郭を生かすため、ハイライトのみ入れる。ローライトは不要。

四角
顔下半分の角張り感を減らすイメージで耳下からローライトを入れる。

顎しっかり
顎を細くするイメージでローライトを入れる。

エラ張り
エラを削るイメージでローライトを入れる。

- ローライト
- ハイライト

STEP 2 基本のボーイズメイク＆ガールズメイク

主な使用アイテム

ハイライト＆ローライトペンシル
おすすめはペン型。形を取りやすく使いやすさバツグン！
アイムミミ アイムマルチスティックデュアル 002
1,650円（税込）／サン・スマイル

BOY

ローライトペンシルで影を描き、鼻筋が崩れないよう小さめの平ブラシか指でぼかす。

ハイライトを鼻筋にのせる。（ペンシルでもパウダーでも可）

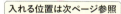
入れる位置は次ページ参照

GIRL

Chapter 01 基本のまるんメイク

鼻タイプ別レクチャー

眉頭の窪みから鼻根に向かう三角ゾーンは濃いめに、小鼻は全部を塗りつぶすように、しっかりローライトを入れる。ハイライトは眉間に横長に、鼻筋は太めを意識。

眉頭の窪みから鼻根に向かう三角ゾーン〜鼻筋を引き立てるようにしっかりローライトを入れる。ハイライトは眉間に横長に、鼻筋は太めを意識。

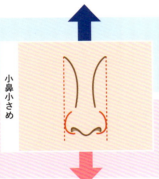

小鼻小さめ

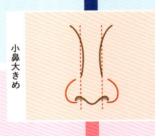

小鼻大きめ

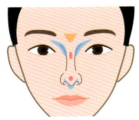

ローライトは、眉頭の窪みから鼻根に向かうラインと、鼻先の骨に沿って入れる。さらに、鼻の下に三角形に入れると人中短縮効果あり。ハイライトは眉間に逆三角に、鼻筋は細めを意識。

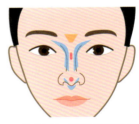

ローライトは、眉頭の窪みから鼻根を通って小鼻の上まで一続きで入れる。鼻下は三角形に入れて人中を短く見せる。ハイライトは眉間に逆三角に、鼻筋は細めを意識。

ローライト強め / ローライト弱め
ハイライト強め / ハイライト弱め

STEP 2 基本のボーイズメイク＆ガールズメイク

目の形を変える

ボーイズメイクはシャープに、ガールズメイクは丸くパッチリ！

目の形や開き具合を変えるというと特殊なことに聞こえますが、こちらも輪郭を整える時と同じフェイステープを使用すれば簡単。目元が変わると、かなり顔全体の印象も変わります！

BOY

シャープなつり目 （つり細目）

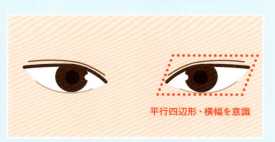

平行四辺形・横幅を意識

直線を作ることで鋭さ、男っぽい印象の目元を作ります。

GIRL

丸みのある二重 （タレ丸目）

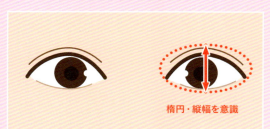

楕円・縦幅を意識

曲線を作ることで可愛らしさ、フェミニンな印象の目元を作ります。
一重の場合はアイプチなどで二重にすることにより、女の子っぽい目力が出ます。

主な使用アイテム

フェイステープ

フェイスラインを引き上げて止めてくれる便利アイテムです。

顔すっきりテープ 890円（税込）／クラッセ

二重アイテム

私が愛用しているのはファイバータイプの二重アイテムです。しっかり食い込んで立体的な二重がつくれます。

メザイク フリーファイバー 120本入り 1,650円（税込）／アーツブレインズ

Chapter 01 基本のまるんメイク

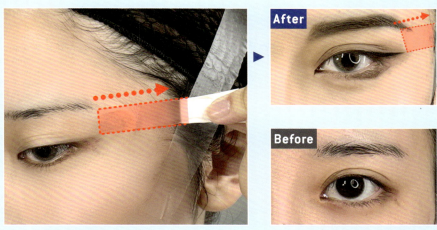

フェイステープを幅1cm、長さ10cm程度にカットし、上まぶた横の部分にテープの端を貼る。目の形に合わせて（次ページ参照）引っ張りながらテープ全体を貼りつける（端はフェイスラインを引き上げているテープに重ねる）。

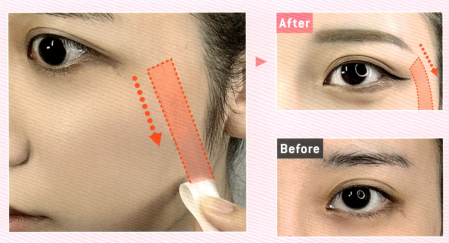

フェイステープを幅1cm、長さ5cm程度にカットし、上まぶた横の部分にテープの端を貼り、目の形に合わせて（次ページ参照）引っ張りながらテープ全体を貼りつける。

STEP 2　基本のボーイズメイク＆ガールズメイク

BOY

目の形別レクチャー

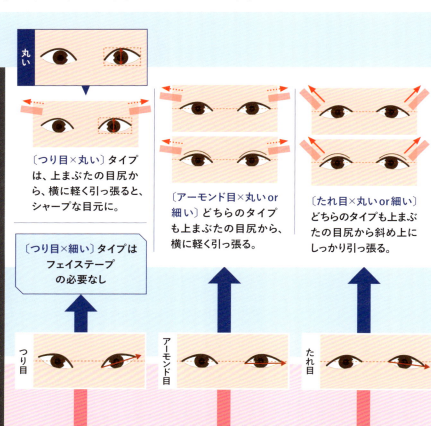

〔つり目×丸い〕タイプは、上まぶたの目尻から、横に軽く引っ張ると、シャープな目元に。

〔つり目×細い〕タイプはフェイステープの必要なし

〔アーモンド目×丸いor細い〕どちらのタイプも上まぶたの目尻から、横に軽く引っ張る。

〔たれ目×丸いor細い〕どちらのタイプも上まぶたの目尻から斜め上にしっかり引っ張る。

GIRL

〔つり目×丸いor細い〕どちらのタイプも下まぶたの目尻から斜め下に向かってしっかり引っ張る。

〔アーモンド目×丸い〕タイプはフェイステープの必要なし

〔たれ目×丸い〕タイプはフェイステープの必要なし

〔アーモンド目orたれ目×細い〕タイプは額の生え際から、2本のテープでしっかり引っ張り上げ、目の開きを良くする。

Chapter 01 基本のまるんメイク

5 カラコンを入れる

小さめ&色薄めの瞳でクールな印象、大きめ&色の濃い瞳は可愛いらしさを演出

瞳が大きく色が濃いと可愛い印象に、小さめで色素が薄いとクールな印象になります。これはあくまで基本なので、なりたいイメージに合わせて調整してみてくださいね。また、意外とDMなどで質問が来ることの多いカラコン装着の手順も解説します。

着色直径小さめ（12.9mm以下）・色薄め

使用アイテム エアリスグレー マンスリーカラコン（レンズ直径14.2mm　着色直径12.7mm）
1箱1枚入り×2箱 1,690円（税込）／ OLOLA

着色直径大きめ（13.0mm以上）・色濃いめ

使用アイテム レヴィア ワンデーカラー メルティベア（レンズ直径14.1mm　着色直径13mm）
1箱10枚入り 1,870円（税込）／ ReVIA

1 カラコンを装着する

❶ よく手を洗い水分を拭いてから、コンタクトレンズを取り出す。

❷ レンズを持っていないほうの手で下まぶたと上まぶたを押さえる。

❸ 鏡を見ながらレンズを優しく黒目にのせる。

47

STEP 2 — 基本のボーイズメイク＆ガールズメイク

6 眉毛メイク

ボーイズメイクは「濃いめ・太め・角張り」、ガールズメイクは「薄め・細め・丸み」を意識！

眉毛のデザインを決める時は、眉毛そのものだけでなく目とのバランスも重要。間隔が狭いと凛々しく、広いと優しい雰囲気になるので、そこを意識しながら描くとなりたい顔に近づきやすくなります！

BOY

濃いめ・太め・角張り

目と眉の間隔を狭くすることで、凛々しい印象に。

▶ 目と眉の距離別レクチャー ▶

GIRL

薄め・細め・丸み

目と眉の間隔を広くすると、柔らかい雰囲気の顔立ちになります。

主な使用アイテム

アイブロー

男女ともにペンシルタイプが一番形をつくりやすいです。ボーイズメイクの場合は髪色より少し暗めにすると馴染みます。

SHISEIDO メン アイブロウフィクサー デュオ BLACK 2,750円（税込）／資生堂

コンシーラー

チップ付きのものは細かいところまで調整しやすいのでおすすめ！ファンデに近い色を選んで。

マスクフィットオールカバーコンシーラー 1,815円（税込）／D&ACE

アイブローペンシル

ガールズメイクの場合は、髪よりも少し明るめにすると垢抜けて見えます。ペンシルタイプは細かいところまで書きやすいのでおすすめ。

エクセル パウダー&ペンシル アイブロウ EX PD01 1,595円（税込）／常盤薬品工業

眉マスカラ

眉をフワッとさせるためにはマスカラを。アイブロウペンシルと近い色味を選ぶと失敗しません。

キスミー ヘビーローテーション カラーリングアイブロウ EX05 ライトブラウン 924円（税込）／伊勢半

Chapter 01 基本のまるんメイク

 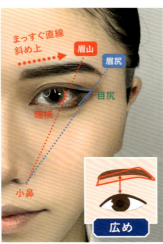 

眉と目の距離が広めタイプの人は、眉毛の上半分を剃り、下に描き足す。剃り跡はコンシーラーで隠す。

アイブローペンシルで毛流れにそって眉毛を描く。眉毛の下を描き足し、目と眉の距離を近づける。

眉と目の距離が狭めタイプの人は、眉毛の下を剃るor抜いて、上に描き足す。剃り跡はコンシーラーで隠す。

アイブローペンシルで毛流れにそって眉毛を描く。眉毛の上を描き足し、目と眉の距離を離す。

眉マスカラで、眉毛の色を明るくフワッとさせる。

STEP 2　基本のボーイズメイク＆ガールズメイク

7 アイメイク

ボーイズメイクはシャープな平行四辺形、ガールズメイクは丸みのあるたれ目を意識する

一番悩みやすい目元のメイク。アイライン、アイシャドウのちょっとしたコツを覚えれば、イメージする顔に近づきやすくなります。

BOY

シャープな目（つり細目）

主な使用アイテム

アイシャドウ

ボーイズ＆ガールズともに、濃淡が4段階以上あるものが深みのある目元をつくりやすいです。ボーイズメイクの時はラメのないものを選んで。

デイジーク シャドウパレット #11 Chocolate Fudge 4,180円（税込）／ WONDER LINE

GIRL

丸みのたれ目（タレ丸目）

アイシャドウ

ガールズメイクの時は、ラメのあるものを選ぶとより華やかに女性らしい印象になります。

デイジーク シャドウパレット #02 Rose Petal 4,180円（税込）／ WONDER LINE

Chapter 01

基本のまるんメイク

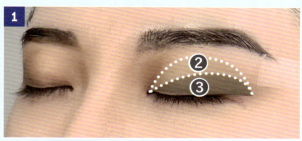

アイホールブラシで、アイホールに明るめの色（❷）をのせる。アイホールの下半分と目尻に❸の色を塗る。

明るい
↑

❶

❷

❸

❹

↓
暗い

細めのブラシに❷の色を取り、涙袋の影をつくる。アイシャドウチップを使って❶を涙袋部分に塗る。

手順2と同じ細めブラシに❹の色を取り、黒目の下から目尻にかけて、逆さまの「へ」を描くように塗る。

51

| STEP 2 | 基本のボーイズメイク＆ガールズメイク |

アイホールブラシで、アイホールに一番明るい色（❶）を塗る。アイホールの下半分と目尻に❷の色を、目の際に暗めの色（❸）を塗る。

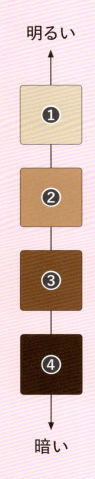

明るい

↑

❶

❷

❸

❹

↓

暗い

細めのブラシに❷の色を取り、涙袋の影を入れ、アイシャドウチップを使って❶を涙袋部分に塗る。

細めのブラシで、一番暗い色（❹）を黒目の下から目尻にかけて塗る。

Chapter 01

基本のまるんメイク

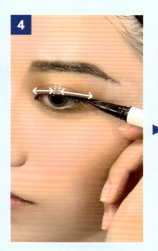

4 アイライナーで、目頭と、黒目終わりあたりから目尻側にかけてラインを引く。(黒目の上には引かない)

5 さらに細いアイライナーで、下まぶたに入れたアイシャドウの外縁をなぞるようにラインを引く。

主な使用アイテム

リキッドアイライナー

ボーイズメイクの場合はより目力を強くする黒～濃いブラウン系、ガールズメイクは柔らかみのあるブラウン系を選んでいます。

(左・ボーイズメイクで使用)キャンメイク ラスティングリキッドライナー 02 ビターチョコブラウン、(右・ガールズメイクで使用)キャンメイク スリムリキッドアイライナー 02 ブラウン ともに990円(税込)／井田ラボラトリーズ

4 アイライナーで目頭から目尻にかけて目の形に沿ってラインを引き、最後は軽く跳ねさせる。

5 さらに細いアイライナーで、下まぶたに入れたアイシャドウに重ねるように下まつ毛を一本一本描き足す。

53

STEP 2 基本のボーイズメイク＆ガールズメイク

＋αメイク チークとビューラーでよりガーリーに

1

大きめの柔らかいブラシを使い、小鼻横の頬の中心から頬骨に沿ってフワッとチークを入れる。

▼

2

上のまつ毛をビューラーで上げる。下まつ毛もビューラーで下げるとより目力アップ。

▼

3

上下のまつ毛にマスカラを塗る。

Chapter 01 基本のまるんメイク

顔型&目の配置タイプ別レクチャー

求心タイプの場合、目尻のアイラインを長めに引く。目頭にチョンと下向きの線を入れる。

遠心タイプの場合、目尻のアイラインを短めに引く。目頭にしっかりと「くの字」のラインを入れる。

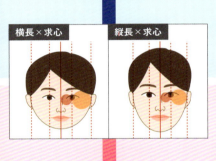

横長×求心 / 縦長×求心

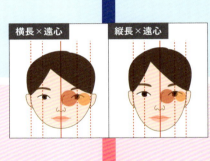

横長×遠心 / 縦長×遠心

求心タイプの場合、目尻のアイラインは長めに引く。最後は少し跳ねさせる。

遠心タイプの場合、目尻のアイラインは短めに引く。目頭にもしっかりと「くの字」のラインを入れる。

STEP 2　基本のボーイズメイク＆ガールズメイク

リップメイク

「厚み」と「横幅」で男女の唇を作り分ける

「縦に薄く＋横に広く」することで男性らしい唇、「縦に厚く＋横は控えめ」にすることで女性らしい口元に仕上がります。グロスなどの色味だけでなく、ベースになる形を意識すると大きく印象が変わります。

BOY

縦に薄く、横に広く

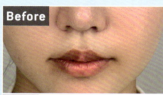
Before

After

GIRL

縦に厚く、横は控えめ

Before

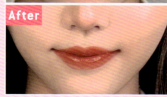
After

主な使用アイテム

コンシーラー
(P.48と同じアイテム)

リップライナー
なめらかな芯でラインを取りやすいものを。肌になじむピンク系なら、ボーイズ、ガールズどちらでも使いやすいです。
ちふれ リップ ライナー 143（ピンク系）572円（税込）／ちふれ化粧品

リップ
ボーイズメイクの時もリップメイクはしたほうがバランスよく華やかに仕上がります。おすすめはマットなブラウン系。
ケイト リップモンスター 05 ダークフィグ 1,540円（税込）（編集部調べ）／カネボウ化粧品

リップ
形をしっかりとるためにはマット系が◎。ガールズメイクの時は赤みの強いものを選ぶことが多いです。
メイベリン SP ステイ マットインク 135 モードなブラウン 1,892円（税込）／メイベリン ニューヨーク

グロス
女性らしさを印象付けるグロスは、自然なツヤ感＆潤いが持続するものを選ぶようにしています。
ヴィセ エッセンス リッププランパー SP001 シアーピンク 1,430円（税込）（編集部調べ）／コーセー

Chapter 01 基本のまるんメイク

1. コンシーラーで、上唇の半分〜3分の2程度を消す。

2. リップライナーで、唇の輪郭を描く。

3. 輪郭の内側を、リップで塗る。

> タイプ別の注意点は次ページへ

1. リップライナーで、唇の輪郭を描く。

2. 輪郭の内側をリップで塗り、フチを綿棒などでぼかす。

3. グロスを塗る。

STEP 2 基本のボーイズメイク＆ガールズメイク

BOY

▶ 人中＆唇タイプ別レクチャー ▶

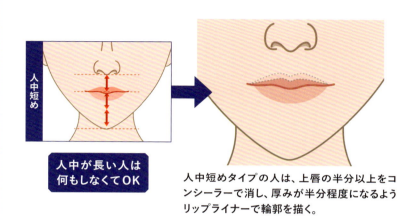

人中が長い人は
何もしなくてOK

人中短めタイプの人は、上唇の半分以上をコンシーラーで消し、厚みが半分程度になるようリップライナーで輪郭を描く。

GIRL

ローライト
ハイライト

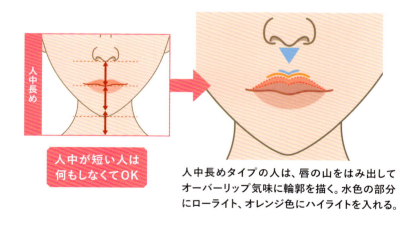

人中が短い人は
何もしなくてOK

人中長めタイプの人は、唇の山をはみ出してオーバーリップ気味に輪郭を描く。水色の部分にローライト、オレンジ色にハイライトを入れる。

Chapter 01 基本のまるんメイク

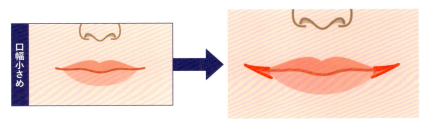

人中短め&口幅小さめタイプの人は、リップライナーで横幅もオーバーリップにして輪郭を描く。

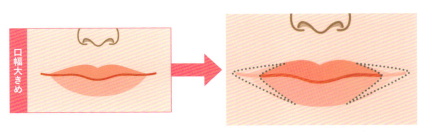

人中長め&口幅大きめタイプの人は、コンシーラーで唇の横を消してから一回り小さく輪郭を描く。

STEP 2 　基本のボーイズメイク＆ガールズメイク

◆9 ウィッグをかぶる

簡単にイメチェンできる最強アイテム

頭が大きく見える、違和感があるなど苦手意識を持ちやすいウィッグ。使いこなせるようになると本当にファッションの幅が広がるので、ぜひこの機会に覚えてたくさん試してみてください！
キレイに着用するために欠かせないウィッグのカット方法はP.65〜67で紹介しています。

BOY

1 カットしたショートヘアのウィッグ（P.65参照）をかぶる。

2 生え際ともみあげの位置、ウィッグの中心を合わせる。

主な使用アイテム

フェイスグルー
ウィッグを浮かせず接着してくれるグルーは、顔周りのセットに欠かせないアイテム。
フェイスカバーグルー AS（メイクアップ用接着剤）ロールオンタイプ 1,210円（税込）／アシスト

カット済みウィッグ
ウィッグのカット法はP.65へ！

ブラシ
アヴェダのパドル ブラシでとかすだけでウィッグのツヤ感、手触りが激変！
アヴェダ パドル ブラシ 5,060円（税込）／AVEDA

GIRL

1 カットしたロングヘアのウィッグ（P.67参照）をかぶる。

2 ウィッグについているヘアクリップで地毛を挟む。

Chapter 01

基本のまるんメイク

ウィッグのもみあげがかぶる部分にフェイスグルーをつけ、浮かないようにする。

ウィッグを整える。

完成！

生え際ともみあげの位置、ウィッグの中心を合わせ、ヘアクリップで挟んで留める。

毛先からウィッグをブラッシングする。

完成！

STEP 3

ウィッグカット ＋ ボーイズボディメイク

別人級に見た目を変えるためには、「変身アイテム」を使いこなす

　鏡を見て「なんだか自分のルックスに飽きちゃったな」という経験ありませんか？　そんな時こそ、「変身アイテム」を試してみてほしいです。

　まず、ヘアスタイルを大きく変えるだけでもずいぶん見た目の印象が変わりますよね。そこで、絶対におすすめしたいアイテムがウィッグです。

　ロングからショートも、その逆も自由自在。

　とても便利なアイテムですが、買ったままの状態でかぶってしっくりくるということはないので、似合わせるためには毛量調整とカットはマスト！　ひと手間かけることで、頭が大きく見えることもなくオーダーメイドのようにナチュラルにかぶれます。

　ここでは、ウィッグのカットの仕方と、女性でも男性的な体つきに見せられるボディメイクにお役立ちのアイテムを紹介します。

　どちらも言葉だけではハードルが高く感じるかもしれませんが、やってみると意外と簡単！　自分の好きなようにカスタマイズしていく過程もとっても楽しいのでぜひトライしてみてほしいです。

Chapter 01

基本のまるんメイク

BOY

Before

After

全体的に短めにカットし、分け目もチェンジ。ウィッグは長めのもののほうが頭や額のサイズに合わせやすいのでおすすめです。

GIRL

Before

After

前髪をつくり、全体的にレイヤーを入れています。スキはさみで髪のボリュームを減らすのもポイント。

使用アイテム

ボーイズウィッグ
ベーシックなボーイズスタイルをつくりやすいウィッグ。額の生え際がレース仕様で自然な仕上がりに。
レースウィッグ w14-SC-711-11B
ハードブラック 6,500円（税込）
／シペラス

ガールズウィッグ
前髪の立ち上がりやカールも自然で、自毛と見間違えるほど！ スタイリングもしやすく、お気に入りです。
手植えフルウィッグ レイヤードスムースSC カールパーマグラデーション チョコブラウングラデーション 24,900円（税込）
／ピンクエイジ

63

STEP 3 ① ウィッグをカットする

必要なのは細かいテクニックよりも切る勇気！

ウィッグを使うのであれば、カットは欠かせません。難しそうですが、思い切ってやってみると意外とどうにかなります。そして、専用の道具があると圧倒的に作業がしやすくきれいな仕上がりになるので、ぜひ手に入れてください。

主な使用アイテム

マネキンヘッド
ウィッグをカットする際にかぶせて使います。テーブルに取りつけられる金具付きで便利。

加工専用マネキンヘッド 4,600円（税込）／クラッセ

ヘッドスタンド
カットの際にマネキンヘッドを乗せておく台。安定するので、作業しやすくなります。

マネキンヘッド用クランプ（スタンド式ショート）2,750円（税込）／クラッセ

ヘアカットはさみ／スキはさみ
ウィッグのカットはヘアカット専用のはさみがベスト。切れ味が良いと仕上がりに違いが出ます。

（左）ステンレス製ヘアカットはさみ G-5020 3,080円（税込）、（右）ステンレス製スキはさみ G-5021 3,300円（税込）／ともにグリーンベル（匠の技）

ウィッグカット＋ボディメイク

BOY

Chapter 01
基本のまるんメイク

1
スタンドにヘッドを取りつけ、ヘッドにウィッグを装着する。

2
コームなどで黒目の上を目安に7：3で分け目をつくる。

3
2で分けた分量の多いほうの毛束を持ち上げて、根本にハードワックススプレーをかける。

4
毛束を持ち上げたまま、スプレーをかけた部位にドライヤーで熱を加えて、ボリュームを出す。

5
もみあげをつくるため、耳前の毛を取り、表面の毛をクリップでまとめる。

6
ヘアカットはさみで、耳下くらいの長さにカットし、スキはさみで、毛束の半分から下をすく。

7
もみあげ部分をハードワックススプレーで固める。反対側も同じようにする。

8
耳前の長い毛を耳下の長さまでカットして全体をすく。

9
全体的に髪の表面の毛を少量取って、ヘアカットはさみで耳上の長さでカットする。

65

STEP 3 ウィッグカット + ボディメイク

10 カットした部分を全体的にスキはさみですいて、毛先を軽くする。

11 ヘアカットはさみで襟足部分を好みの長さにカットし、スキはさみで毛先をすく。

12 ヘアカットはさみで前髪を目の下あたりでカットし、半分から毛先にかけての部分をスキはさみですく。

13 7:3に分けた7のほうの毛束のうち、右の黒目上までの毛束を持ち上げ、根本からヘアアイロン（100℃）を当てる。

14 熱を加えた根本部分を指で持ち上げて右へ流れるようにカーブをつけ、熱が冷めるまでそのままキープする。

15 ヘアアイロン（100℃）で全体的に毛先を跳ねさせ、熱が冷めるまでそのままキープする。

16 顔周りの毛も、少量の毛束を取り、14〜15と同様に動きをつける。

17 全体にハードワックススプレーをかける。

18 気になる部分をヘアカットはさみで整えて完成！

完成！

GIRL

Chapter 01
基本のまるんメイク

❷から❹は試着して髪のボリュームを確認しながら毛量を調節する

スタンドにヘッドを取りつけ、ヘッドにウィッグを装着する。

両サイドの上半分の毛をすくってクリップで留め、下半分の毛をスキはさみで根本からすいて毛量を減らす。

両サイドの下半分すべてをすき終わったら、クリップをはずしてブラシで全体をとかし、すいた毛を取り除く。

後ろの上半分の毛も2〜3と同様に下半分の毛をすいてブラシをかける。

両方の黒目の延長線上の生え際から頭頂部にかけての三角ゾーン内の毛を取り、残りの毛をクリップで留める。

残した毛を引っ張りながらヘアカットはさみで目の下の長さでカットする。不安な場合は自分でかぶった状態でカットするとやりやすい。

ヘアアイロン（100度）で前髪部分を軽く内巻きにして熱を通す。

指やカーラーなどで巻いた形をキープしたまま冷ます。

完成！

顔周りの毛を手ぐしで整えて完成！

STEP 3　ウィッグカット ＋ ボディメイク

ボーイズボディメイク

「イケメンボディ」は小道具でつくれる！

ボーイズメイクの場合、顔のメイクだけを頑張ったとしても、女性らしい体つきでは魅力が半減してしまいます。
「男の子っぽい」と思わせるための重要パーツは、①身長②肩③胸④筋肉の４点。小道具を使えば、この４点をあっというまに変身させることができます。ぜひ顔のボーイズメイクとセットでボディメイクも試してくださいね。

「シークレットシューズ＋インソール＋肩パッド」
で男の子の体型に！

一見、何の変哲もない黒の革靴ですが、実はシークレットシューズ。履くだけで10cm近く背が高くなるものもあります。
インソールはセリアなど100均でもたくさん売られているので、好みのものを探してみてください！

主な使用アイテム

シークレットシューズ

シンプルなデザインで合わせやすく、身長を9cmもアップさせてくれます。

シークレットビジネスシューズ 改 黒 8,140円（税込）／クラッセ

インソール

靴の中に入れるだけで脚が長く見えるお役立ちアイテム。百均でもいろいろなタイプが売っています。（写真はまるん私物）

Chapter 01

基本のまるんメイク

大きな胸はインナーで平らに！

使用アイテム

胸つぶしインナー
男前胸つぶしインナー（チューブトップ）
3,200円（税込）／クラッセ

胸にボリュームがあると、どうしてもメンズの服をキレイに着こなすことが難しくなります。
そこで、登場するのが「胸つぶしインナー」。紹介したのはチューブトップですが、ブラタイプなどいろいろあるので、着たい服に合わせて使い分けることもできます。ちなみに私は使う必要がない体型なのでいつもそのままです（笑）。

狭い肩はブラパッドで広く！

肩幅を出すには、パッドを入れるのが一番簡単です。以前は紙コップを成形してパッドをつくっていましたが、今はブラ用のパッドをインナーに両面テープで貼りつけたり、縫いつけたりして肩パッドとして使っています。

着るだけできれいな細マッチョ！

この自撮り画像をXに上げた時に一部の人に驚かれたのですが、これはもちろん自前の筋肉ではなく、「筋肉スーツ」です。
このように上半身を幅広くカバーしてはだけて見せてもOKなものや、腕＋胸＋背中だけのもの、素材もいろいろ種類があります。何を着てどう見せたいかによって使い分けられるようになれば上級者！

後ろはファスナー

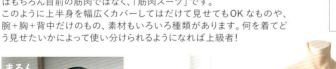

まるん
男装時

インナーマッスルスーツ（肩・背中）

シリコン
筋肉スーツ

使用アイテム

筋肉スーツ
（左）男前インナー（肩・背中）6,900円（税込）、（右）シリコン筋肉スーツ 22,000円（税込）／すべてクラッセ

69

シェーディングはボディにも使える

顔のシェーディングは、ノーズシャドウやハイライト・ローライトなど皆さん馴染みがあると思いますが、実は顎下や首、鎖骨に使うことで、男っぽいシャープさを演出することができます。ボーイズメイクの際にぜひ取り入れてみてください。

首-鎖骨メイク　シェーディングで骨・筋を強調！

光と影を入れることで、首の筋や鎖骨といった男性らしいパーツが際立ちます。

横顔ラインメイク　フェイスラインをクッキリさせてシャープな横顔に！

フェイスラインのキワに細くローライトとハイライトを入れることで、メリハリある横顔になります。

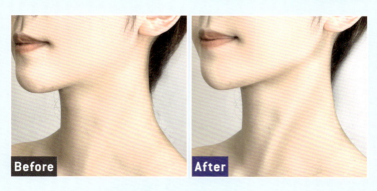

Chapter 01

基本のまるんメイク

主な使用アイテム

**ハイライト＆
ローライトペンシル**

おすすめペン型のもの。形を取りやすく使いやすさバツグン！

アイムミミ アイムマルチスティックデュアル 002
1,650円（税込）／サン・スマイル

ローライト（水色）

ハイライト（オレンジ）

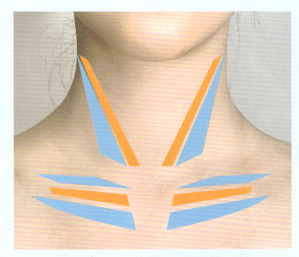

顔のシェーディングに使用したものと同じペンシルで、ローライトとハイライトを塗っていきます。鎖骨は骨を挟むように上下にローライトを入れ、骨の上にハイライトを。

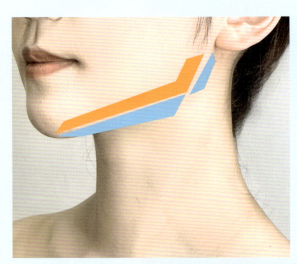

フェイスラインのキワに細くハイライトを入れ、その下から顎裏にかけてローライトを入れます。エラ部分までいれるのがポイント。

71

02 column

画像加工に要注意！

今、画像の加工はアプリで誰にでも簡単にできます。
一方で、加工のせいでせっかくのメイクを台無しにしてしまっている写真を多く目にします。
少しの注意で、メイクを活かした自然な加工ができるのでぜひ覚えてください。

肌の質感を消さない！

　NGのほうは、肌のスムース機能（明るく滑らかにする機能）を全体に強めにかけたせいで、肌の質感が全くなくのっぺりした印象になり、メイクでのせた色も薄くなってしまいます。
　頬の高いところや鼻など、光の当たる凸部分の質感を残すと、ナチュラルな立体感を表現できます（シミやニキビは、ピンポイントで修正するのがおすすめ）。

「大きい目＆細い顎」にとらわれすぎない！

　肌の質感を消す以外でよく見かけるのが、「目を極端に大きくする」「フェイスラインを極端に細くする」というもの。ゆがみ加工を行う場合は、どうしても気になる箇所のみ違和感がないように少しずつ様子を見ながら行いましょう。特にボーイズメイクの場合、目と人中は極力いじらないことをおすすめします。目を大きく、人中を短くすると可愛い女の子の顔に近づいてしまいます。

CHAPTER
02

まるん流ジャンル別メイク

基本が分かれば、次はアレンジ。トライ&エラーを繰り返
すうちにどんどんメイクは上手に、そして楽しくなります。
ここでは、「強め」「ハーフ風」「K-POP風」「地雷系」と
幅広いジャンルのメイク法をご紹介! メイクとウィッグで
ここまで変われるので、思い込みにとらわれずチャレン
ジしてみてください。

STRONG MAKEUP

HALF MAKEUP

K-POP STYLE MAKEUP

JIRAI MAKEUP

STRONG MAKEUP

強めメイク | 潔い黒髪に白い肌、つり上がった目尻がポイントのクールなメイクです。ガールズメイクはチャイボーグ、ボーイズメイクは韓国の男性アイドルのイメージです。

Chapter **02**

まるん流ジャンル別メイク

強めメイク　FACE

BOY

EYEBROWS

強さを出すにはアイメイク、特に眉が重要。眉と目の距離を基本のボーイズメイクよりさらに狭めにし、凛々しく。

EYES

濃いめのアイラインで目の存在感を際立たせています。
さらに、基本のボーイズメイクよりテーピングで強めに引っ張ってつり目にしているのもポイント。

HAIR

黒髪の短髪ストレートウィッグです。目にかかりそうなくらいの前髪は色っぽく、目元の印象も強くなります。

CONTOURING

ノーズシャドウ、ローライトを基本のメイクよりも濃いめに入れています。そうすることで、陰影のはっきりした強い印象に仕上がります。

Chapter 02

まるん流ジャンル別メイク

GIRL

HAIR
映画『LEON』のマチルダ風、黒髪ショートボブでウィッグをつくりました。前髪はパッツンでもシースルーバングにすることで凛々しい眉が隠れてしまわないようにしています。

EYE BROWS
凛々しさを出すために目と眉の距離が1cm以下になるようにし、平行眉ではなく細め&角度をつけています。

EYES
アイラインはつり目&平行四辺形に見えるよう引きます。強さがありつつも女性らしく見せるためにまつ毛はしっかり上げ、下まつ毛も基本より太めに。目元にアイライナーでホクロを描いているのもポイントです。

LIP
基本のガールズメイクよりも明るくハッキリしたマット系の赤いリップを使用。強さを出すために輪郭はぼかさず、ツヤ出しのグロスも使っていません。

CONTOURING
基本のガールズメイクよりノーズシャドウを濃く入れています。髪で隠れますが、フェイスラインのローライトも濃くしてメリハリを意識。

強めメイク BODY

BOY

ACCESSORIES
インパクトのあるハーネスベルトが強めファッションの決め手です。

TOPS
メンズの黒スーツを着用。ボーイズメイクでジャケットを着る時は肩パッド（P.69参照）を入れるとキレイに着こなすことができます。

BOTTOMS
足をきれいに見せてくれる細身のものを選んでいます。

SHOES

ACCESSORIES
ピアスも指輪もシルバーで統一し、クールな印象に。

ACCESSORIES
太ももにもハーネスベルトをつけてアクセントに。

靴もレザーの黒。身長を底上げできるシークレットシューズ（P.68参照）です。

GIRL

Chapter 02 まるん流ジャンル別メイク

TOPS
黒のフェイクレザーのビスチェで大胆に肌見せ。コートは長さのあるものを選んで迫力のある強い女性を演出しました。

ACCESSORIES
指輪、ネックレス、バングルなどすべてゴールドの大きめのものでゴージャスに。首元は黒のチョーカーとゴールドネックレスの重ねづけ。

BOTTOMS
ショートパンツをビスチェとセットアップ風に着用。アクセントに黒×シルバーのベルトを。

ACCESSORIES
ひざ上には、アクセントになるハーネスポケットを。

SHOES
こちらも黒のフェイクレザーのロングブーツ。ボトムスがショート丈なので足元にボリュームを出し、全身のバランスを取っています。

HALF MAKEUP

ハーフ風メイク | ハーフっぽい顔を目指したメイクです。洗いざらしのようなナチュラルなウィッグと、シンプルな白Tにデニムで、つくり込みすぎないアメリカンな雰囲気を狙いました。

Chapter 02

まるん流ジャンル別メイク

ハーフ風メイク　FACE

BOY

EYES
アイラインもアイシャドウも基本のボーイズメイクより薄くしています。アイシャドウの色味は肌になじむものをチョイス。その代わり、基本のメイクよりも二重幅を広くしています。

HAIR
かき上げ前髪に仕上げたかったので、生え際が自然な、基本のボーイズメイクで使用したものと色違いのレースウィッグを使用。耳が少し隠れるくらいの長さで、段を入れずにナチュラルにカット。前髪はコテで軽く巻いています。

EYEBROWS
太眉のブラウン系です。眉マスカラも使い、髪の色と合わせます。

LIP
下唇に少しボリュームを出し、幅を広く見せるように横にオーバー気味に輪郭を取っています。色は淡いピンク系。

CONTOURING
ノーズシャドウは眉頭の下から鼻先まで濃く、目頭側の眉下が一番濃くなるようにすると、鼻が高く、目元のホリが深く窪んだように見えます。

82

Chapter 02

まるん流ジャンル別メイク

GIRL

EYES

目頭からアイプチなどで平行二重にし、アイメイクは全体的に派手に仕上げます。アイシャドウもしっかり、マスカラも黒を重ね塗りして目元の存在感を出します（つけまつ毛もおすすめ）。下まぶたは、アメリカ人のメイク方法を真似て、目尻から目頭までブラウン系のアイシャドウをアイラインとして入れています。

HAIR

ブロンドカラーのストレートロングのウィッグです。こちらも生え際が見えるヘアスタイルなので、レースウィッグです。

EYEBROWS

眉は、基本のボーイズメイクと同じです。目と眉毛の距離を近づけて凛々しさを出し、平行ではなく角度をつけています。眉マスカラとアイブロウの色は髪色に合わせたものを。

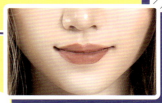

LIP

ぽってりしたグラマラスな口元を目指し、上も下もオーバー気味に描きます。リップはマットなものを使用。

CONTOURING

眉下から眉頭までノーズシャドウをしっかり入れます。ボーイズメイクと同様、目元のホリ演出のため、目頭側の眉下が一番濃くなるように。頬骨が出ているように見せるため、ローライトは頬の下に濃いめに入れ、ブラウンオレンジ系のチークを頬骨にのせています。

83

ハーフ風メイク　BODY

BOY

ACCESSORIES

TOPS

ごくシンプルな白Tにデニムのジャケットをラフに羽織る、オールドアメリカンのイメージです。

片耳に小さなピアスと、シンプルなサングラスを胸元に。

SHOES

厚底スニーカーに3cm程度のインソールを入れています。

BOTTOMS

細すぎずダボっとしすぎない、ストレートタイプの王道のジーンズです。

GIRL

Chapter 02

まるん流ジャンル別メイク

TOPS

ラフなデニムに白Tに合わせたごくシンプルなスタイリングです。Tシャツは短め丈でヘルシーな肌見せを目指しました。

ACCESSORIES

ラフさを出すためにノーアクセで、アクセントとしてサングラスを胸元に。

SHOES

かなり厚底のスニーカーでスタイルアップしています。

BOTTOMS

なるべくシンプルで女性らしさもある細身のストレートジーンズをチョイス。

85

K-POP STYLE MAKEUP

K-POP風メイク | 男女ともに可愛さのあるメイクに、韓国で流行りの制服＋厚底スニーカーコーデ。女子はゆる巻ロングに平行眉、男子は明るい色のウィッグに対して黒い眉毛でK-POPテイストに！

Chapter 02

まるん流ジャンル別メイク

87

K-POP風メイク　FACE

BOY

EYEBROWS
基本のボーイズメイクと同じですが、色は髪色に合わせず黒のままで韓国風に。

EYES
目はつり上げず、自然な形にしています。アイラインは目の形と平行に引き、オレンジやピンクなどの華やかな色のアイシャドウをしっかりのせ、K-POPアイドル風に。

HAIR
生え際が黒になっているのがポイントの金髪ウィッグです。前髪はシースルーバングにカットしています。

LIP
ピンク系グロスでツヤを出します。

CONTOURING
ノーズシャドウもハイライト・ローライトも基本のボーイズメイクと同じです。ハイライトは濃いめに入れるのがポイント。

Chapter 02

まるん流ジャンル別メイク

GIRL

EYEBROWS

眉は基本のガールズメイクと同じで、並行の太めを意識。目と眉の距離は離れ気味にします。

HAIR

レースウィッグで、前髪をかき上げるスタイリング＋コテで巻いて大きめのカールをつけています。

EYES

束感まつ毛にするため、マスカラを塗ったあと、ピンセットで挟んでいます。アイラインは茶系でナチュラルに、涙袋メイクもやりすぎず自然に見えるように。

LIP

はっきりした色味のツヤ系グロス。綿棒で輪郭をぼかしています。

CONTOURING

チークもローライトもあまり濃くせず、うっすらのせる程度に抑えます。その代わり、ハイライトはしっかり入れるのが韓国風メイクのコツ。

89

K-POP風メイク　BODY

BOY

TOPS

白シャツ＋ネクタイ＋ニットベストで、韓国の制服風スタイリングに。白シャツも肩幅がないとカッコよく着こなせないので、肩パッドはマストです。筋肉スーツにインナーマッスルスーツ（どちらもP.69参照）を着用すると、シャツのラインに男っぽさが出ます。

SHOES

厚底スニーカーに、3cm程度のインソールを入れています。オールホワイトを選んで学生らしさを演出しました。

BOTTOMS

シックな色味のシンプルなパンツです。脚がキレイに見えるややブーツカットのものです。

Chapter 02

まるん流ジャンル別メイク

GIRL

TOPS

男子と同じベストに、ネクタイではなくリボンで女の子っぽさをプラス。

BOTTOMS

男子のパンツと似た色のスカートでより制服感を出しました。短めが韓国の制服風です。ショート丈ソックスで可愛さをプラス。

SHOES

こちらも男子同様真っ白な厚底スニーカー。靴下はライン入りでワンポイントに。スニーカー＋ソックス＋短めスカートで脚を長く見せています。

91

JIRAI MAKEUP

地雷系メイク | ゴスロリテイストにちょっと病んだニュアンスのガールズメイク、地下アイドル風でチャラめなボーイズメイク。アブなそう、だけど惹かれてしまう雰囲気づくりがポイントです。

Chapter 02

まるん流ジャンル別メイク

93

地雷系メイク　FACE

BOY

EYEBROWS
前髪であまり見えませんが、基本のボーイズメイクよりも細めで、角度をつけています。

HAIR
明るめの黄色味の強い金髪のウィッグです。フワッとしたボリュームを出すため、毛量を減らしすぎないようにしました。サイドの髪は長めにし、ワックスで毛束を作って跳ねさせます。前髪はトップから重めにつくり、襟足も正面から見える程度の長さに調整。

EYES
基本のボーイズメイクよりも目の印象を強くすることを意識。大きめのカラコンで、アイメイクも涙袋をくっきり見せるため色を濃いめに入れています。アイラインも黒でしっかり引いてたれ目に。

LIP
基本のメイクと同じですが、より赤味のあるもので色味を足しています。

CONTOURING
ローライトは基本のボーイズメイクと同じです。ノーズシャドウは基本よりもはっきり濃く入れるようにしています。

Chapter 02

まるん流ジャンル別メイク

GIRL

EYES

カラコンはフチがはっきりしている大きめの「盛れる」タイプをチョイス。アイシャドウはエクステと同じ紫系ピンクで濃く色を入れ、涙袋にもピンクをのせます。「地雷盛り」という下まぶたのラインを実際より下に描いて拡張させる手法を取り入れ、全体的にたれ目になるように調整。上まつげもしっかり上げ、下まつげも多め・濃いめに描くのがポイントです。

EYE BROWS

眉は細めの並行眉に。目と眉の距離は基本のガールズメイクと同じです。色は髪に合わせず、明るめにしています。

HAIR

真っ黒のウィッグに紫色のメッシュカラーのエクステをつけてからツインテールに結んでいます。ヘッドアクセサリーでより「地雷感」を演出。

LIP

リップはツヤのあるピンク系。人中が短くなるように上唇はオーバー気味に描き、さらに鼻の下に影を足します。

CONTOURING

ローライトは淡く、ハイライトは濃く入れています。

地雷系メイク　BODY

BOY

TOPS
ツヤのある黒地にシルバーの柄が入ったシャツ。襟を大きめに開けて着ることで地雷感を。シャツの下には、筋肉スーツにインナーマッスルスーツ（P.69参照）を着用しています。鎖骨、首周りがよく見えるので、鎖骨くっきりのボディメイクを（P.70～71参照）。

ACCESORIES
アクセサリー類は多めにジャラジャラつけるのがポイント。ロングピアスやチェーンで繋がるタイプのリングなど存在感のあるものをチョイスしました。

SHOES

厚底の黒ブーツに5cm程度のインソールを入れ、全身のバランスを取ります。

BOTTOMS
紫のテロンとした薄い生地のカラースラックス。黒のシャツと合わせることでチャラいイメージに。

GIRL

ACCESORIES

リボンレースのカチューシャ、リボンレースのピアスで幼さをプラス。P.92のようにリュックを背負うとより幼く見せられます。

TOPS

地雷系女子はレースやキラキラなど装飾の多いものがマスト。薄紫のオフショルダー×黒リボンで地雷感を。

SHOES

BOTTOMS

ふわっとしたミニ丈のスカート。フリルやラメでアクセントのあるものを選びました。

靴は厚底で、先が丸くなっているものがマストです。

Chapter 02 まるん流ジャンル別メイク

03 column
メイクで2次元キャラになりきる

コスプレの魅力は、その時間だけは2次元の世界に生きられる没入感です。メイクも服装もウイッグも、どれもが超・非日常！ 友達と一緒にそのキャラらしい話し方や所作を試して、「言いそう！」「やりそう！」と盛り上がるのも醍醐味です。

©まさや

CHAPTER
03

まるんメイクで遊ぶ！

まるんメイクは自分ひとりで楽しむだけではなく、友達と
遊ぶツールにもなります。
ここでは、私の友人であるYouTuber のかずちゃん、コ
スプレイヤーのタルキちゃんに来てもらい、二人のなり
たいビジュアルを聞いてメイクと撮影を楽しみました！
普段はしないメイクで一緒にお出かけしたり、写真を
撮ってSNS にアップしたり、楽しみ方は無限大。お互い
にメイクをし合うのもおすすめです。

Special Guest 1 Kasu
Special Guest 2 Taruki

Special Guest.1 kasu

まるんメイクで遊ぶ、とある1日

Name かす

チャンネル登録者数140万人超え（2024年10月時点）のYouTuber。キュートなルックスと明るいキャラクターで、アパレルブランド、CM出演など幅広く活躍中。まるんとは高校時代からの友人。

- *you tube* 『かす』www.youtube.com/@kasu_desu
- *TikTok* @kasu_ps
- *instagram* @kasuu_kasu
- *X* @kasu_ps

大人気YouTuberのかすちゃんは高校時代からの友人。以前かすちゃんのチャンネルでは、かすちゃんを学ラン男子高校生にしたので、今回はブレザー男子高校生に。私は女子高校生になることにしました。もうひとつは対照的な大人っぽいメイクに挑戦！

予定決め　事前になりたいビジュアルのテーマを決める

高校生のお部屋デートメイク

清楚系女子高校生メイク
まるん

イケメン男子高校生メイク
かす

11:00　レンタルルームに集合！

> 高校生の部屋っぽいレンタルルームを探して予約

Chapter 3 まるんメイクで遊ぶ！

11:30 メイク開始！ ※まるんは自宅でメイクを済ませてきました

かすちゃんの輪郭は
バランス型の
超小顔！

アイシャドウは
ナチュラルな
ブラウン系で
自然な陰影を

顔のパーツを
観察しながら
真剣にメイク

101

Make Point
二人とも高校生メイクなので、素肌感を活かしてナチュラルに！

12:00 完成！

アイドル系？美少年な男子高校生完成!!

初々しい高校生カップルっぽくポーズ☆

16:00 次は男女逆転して昼と真逆の大人っぽいメイクに挑戦！

夜の大人パーティメイク

黒スーツの
キレイめ黒髪男子
まるん

黒ワンピの
色っぽ美女
かす

※まるんは先にメイクしました

まるんは
黒スーツにクールな
ボーイズメイク

かすちゃんは
薄暗い照明でも映えるよう
華やかなラメ入り
オレンジ系シャドウ

Chapter 3 まるんメイクで遊ぶ！

ヘアスタイルはロングのゆる巻きウィッグ

18:00 完成！

キラリーン

Make Point

かすちゃんはきらびやかな印象にするため、大きめなラメ入りアイシャドウを使用。ハイライト、ローライトもしっかり入れています。

18:30 目的のBARにGO！

おしゃれなカクテルでデート気分♡

Chapter 3 まるんメイクで遊ぶ！

KASU & MARUN
at nuit

Special Guest. 2 taruki

まるんメイクで遊ぶ、とある1日

Name タルキ（TKK）

SNSの総フォロワー数245万人の超人気コスプレイヤー。まるんとは4年前からのコスプレ友達で、コラボの機会も多い。

- *you tube* www.youtube.com/@TarukiTKK220
- *TikTok* @tkk220
- *instagram* @Tkk220
- *X* @Tkk220

タルキちゃんとは4年前にコスプレを通じて知り合いました。普段あまり女の子っぽいメイクをしないタルキちゃんを、今回カッコいい女性にすることに決定！もうひとつは、2人でケモミミをつけた可愛いボーイズになることにしました。

予定決め　事前になりたいビジュアルのテーマを決める

ブラックコーデのワンホン風メイク

まるん
オールブラック
ロングヘア女子

タルキ
オールブラック
ロングヘア女子

10:30　予約していたスタジオに集合！

> ワンホン女子の
> ビジュアルが映える
> 廃墟風な雰囲気の
> スタジオを予約！

11:00 メイク開始!
今回も時短のため、まるんは事前にメイクして集合。

> タルキちゃんは遠心タイプの顔なので、目頭に重点を置いてメイクしています。ハッキリとした色を使ってメイクの存在感を強く!

まつ毛、束感!!!

Chapter 3 まるんメイクで遊ぶ!

play with

Chapter 3 まるんメイクで遊ぶ！

12：30 SNS用写真＆ショート動画撮影

SNSにアップするための撮影会を開始！

パシャッ!!!

写真だけでなくショート動画もたくさん撮影

Make Point

タルキちゃんは顔立ちのボーイッシュさを薄めるため、鼻筋は細くハイライトを入れ、人中は短く見えるようオーバーリップに。まるんは求心タイプなので目尻のアイライン・眉尻のアイブロウはともに長めにしています。

14:30　メイクチェンジ！

ケモミミ男子のテーマパークデートメイク

まるん
ミントグリーン系
ケモミミ男子

タルキ
ブラウン系
ケモミミ男子

前のメイクを落として、それぞれ男装メイク〜〜

先ほどのメイクを落として、次はタルキちゃんも自分でメイク！

色違いのペアルックで可愛さ2倍

Chapter 3
まるんメイクで遊ぶ!

121

Chapter 3 まるんメイクで遊ぶ！

MARUN MAKE
EPILOGUE

　さて、「まるんメイク」はいかがでしたか？
　「メイクはとっても自由で楽しい！」ということを、少しでも感じていただけたら幸いです。

　会社勤めをしながら、そして休日には趣味のコスプレ活動にも勤しみながら本をつくるというのはとても大変な作業でした。もともとモノづくりを生業としていることもあり、一度こだわりに火がついたら止まりません。
　せっかく本にするのだから、皆さんによりよいコンテンツを届けたいという想いから、「あのページはこうしたい、ここにはこういう写真を入れたい！」とイメージがどんどん湧いてきて、結果的に2〜4章はすべて撮り下ろしという贅沢なつくりになりました。
　その分、撮影の準備から編集まで、大変な時間と手間がかかりました。
　メイク初心者の人にも分かるように心がけ、写真のクオリティはもちろん、レイアウトにも私のこだわりが詰まっています。

今回、この本での一番の工夫は、いわゆる「男装メイク」に全く興味がない人でも楽しめるように、How To Makeのコーナーで「ボーイズメイク」「ガールズメイク」を上下段で比較しながら見られるように構成したところです。
「男女の顔の違いってこういう細かいところからつくられるんだな」という気づきが、皆さんの今後のメイクに生かされると良いなと思います！

　自分自身の思い込みや固定観念にとらわれず、その日の気分や着たい服に合わせて、自由に、なりたい自分になれる。
　メイクの可能性は無限大です。

　皆さんの日常が、メイクの力でもっとワクワクした日々になることを願って。

　最後までお読みいただき、ありがとうございました！

まるん

PROFILE

MARUN
まるん

都内の美大卒業後、大手メーカーにてUI/UXデザイナーとして勤務。

アニメ、漫画、K-POP好きが高じて、大学生だった2019年からコスプレイヤーとして活動をスタート。そのクオリティの高さからたちまち人気レイヤーとなる。
特に男性キャラクターの再現度の高さが評判を呼び、SNSの総フォロワー数は18万人（2024年11月現在）。

今後は、自分が変身するだけでなく、変身してみたい人へのメイクプロデュースの機会も増やしていきたいと考えている。

X	@rugootkm
instagram	@marunrun0
TikTok	@marunrun00

CREDIT

ウィッグ

P.63（ガールズウィッグ）、P.75、77、86〜89、102〜105（まるん）、106〜109（かす）
PINK AGE
https://www.pinkage.jp/

P.63、P.80（ともにボーイズウィッグ）
CYPEROUS
https://cyperous-cosplay.com/

衣装

P.13、P.114〜117
QOOZA
https://qooza.jp/

P.92
ROJITA
https://rlab-store.jp

（その他私物）

ボディスーツ等
CLASSE
https://classewig.com/wig/

撮影場所（P.107〜111）
crêpe&bar nuit
東京都台東区根岸2-14-3
@crepe.bar_nuit

Special Thanks

かす
タルキ
（敬称略）

Staff

プロデュース	西田貴史（manic）
企画・編集・執筆	中村理絵（manic）
撮影	SodA（@SodApht）【カバー、P.31、33、68、72、74〜97、101〜123】、まるん【P.63〜67、69〜71】、RYO【P.34〜61】（すべて人物のみ）
イラスト	まるん
デザイン	Tokyo 100millibar Studio Inc.
校正	二本木志保（CL9）

まるんメイク

2025年（令和7年）1月22日　初版第1刷発行
2025年（令和7年）2月18日　初版第2刷発行

著　者	まるん
発行者	石井 悟
発行所	株式会社自由国民社
	東京都豊島区高田3-10-11 〒171-0033
	電話 03（6233）0781（代表）
印刷所	株式会社シナノ
製本所	新風製本株式会社

ⓒ 2025 Printed in Japan

● 造本には細心の注意を払っておりますが、万が一、本書にページの順序間違い・抜けなど物理的欠陥があった場合は、不良事実を確認後お取り替えいたします。小社までご連絡の上、本書をご返送ください。ただし、古書店等で購入・入手された商品の交換には一切応じません。
● 本書の全部または一部の無断複製（コピー、スキャン、デジタル化等）・転訳載・引用を、著作権法上での例外を除き、禁じます。ウェブページ、ブログ等の電子メディアにおける無断転載等も同様です。これらの許諾については事前に小社までお問い合わせください。また、本書を代行業者等の第三者に依頼してスキャンやデジタル化することは、たとえ個人や家庭内での利用であっても一切認められませんのでご注意ください。
● 本書の内容の正誤等の情報につきましては自由国民社ウェブサイト（https://www.jiyu.co.jp/）内でご覧いただけます。
● 本書の内容の運用によっていかなる障害が生じても、著者、発行者、発行所のいずれも責任を負いかねます。また本書の内容に関する電話でのお問い合わせ、および本書の内容を超えたお問い合わせには応じられませんのであらかじめご承ください。